Simone Veenstra · Ulrike Rogler

Tatort Tierpark

Mit Illustrationen von
Jakob Möhring

gondolino

ISBN: 978-3-8112-2894-8

Umschlagillustration: Gisela Dürr
Printed in Slovakia – 002
5 4 3 2 1

Der Umwelt zuliebe gedruckt auf chlorfrei gebleichtem Papier.

www.gondolino.de

Inhalt

Fall 1:
Wolfsgeheul im Mondenschein

„Noch einmal blitzten die gelben Augen des großen Wolfes auf, dann verschwand er auf Nimmerwiedersehen im dunklen Wald."

Laura klappt das Buch zu und verneigt sich vor ihrem Publikum. Besonders beeindruckt scheint ihr einziger Zuhörer nicht zu sein. Hat sie da eben wirklich ein kleines Schnarchen gehört?

„Sherlock, du fauler Hund, du bist doch nicht etwa mitten in meiner tollen Gruselgeschichte eingepennt?" Laura kann es nicht fassen.

Wie zum Beweis, dass er sie nur necken will, öffnet ihr kleiner Mischlingswelpe Sherlock eines seiner Augen. Hechelnd zieht er dabei die Lefzen auseinander. Fast sieht es aus, als lache er. Da ist wohl nichts zu machen. So sehr Laura unheimliche Geschichten über Vampire, Geister und vor allem Wölfe mag, ihr vierbeiniger Freund schätzt eher schlammige Pfützenbäder und

frisch zubereitetes Mittagessen. Das klaut er regelmäßig vom Esstisch.

Da kann Laura noch so oft „Nein, aus!“, rufen, Sherlock hört einfach nicht. Deswegen hat Jörg, Lauras großer Bruder, ihr auch neulich eine Broschüre mitgebracht.

„Die hat mir ein Tiertrainer in die Hand gedrückt, als ich auf dem Weg vom Zoo nach Hause war“, hat er erklärt. Laura hat nur einen Blick hineingeworfen. Vor zehn Tagen wurde also eine neue Hundeschule aufgemacht. Na und? Sie würde ihren Sherlock bestimmt keinen Menschen überlassen, die ihn womöglich hart anpackten, nur damit er bei Fuß läuft.

„Quatsch, die tun den Hunden doch nicht weh!“, hat Jörg ihr widersprochen. „Im Gegenteil, sie kriegen Leckerlis und lernen, auf die Hundepfeife zu hören.“

Doch Laura will von so was nichts wissen. Irgendwann – davon ist sie überzeugt – bringt sie ihrem Sherlock schon noch Manieren bei. Jörg hat das anders gesehen.

„Am besten, ihr geht gemeinsam dahin. Die haben jeden Abend ab sechs ne Stunde Training im Stadtpark. Vielleicht bringen sie dir dann auch gleich bei, mir das Fahrrad zu putzen.“

Klar, dass Laura ihrem Bruder erst mal den Vogel gezeigt hat. Aber abgesehen davon ist Jörg der netteste Bruder, den es gibt. Zumindest seit er Laura versprochen hat, sie morgen mit in den Zoo zu nehmen. Dort gibt es nämlich nicht nur einen Turm, in dem – wie schaurig schön – Fledermäuse wohnen, nein, es gibt auch ein Wolfsrudel. Und einen echten Wolf hat Laura noch nie gesehen.

„Ich bestelle ihnen von dir Grüße“, verspricht sie Sherlock, der zu Hause bleiben muss. „Immerhin seid ihr ja verwandt.“

Als die beiden Geschwister am nächsten Nachmittag endlich loskommen, ist es allerdings schon ziemlich spät. Im Laufschritt hasten sie durch den kleinen Stadtpark neben dem Zoo.

„Stell dich nicht so an“, grummelt Jörg, „wir haben nicht mal fünf Uhr, du hast noch zwei Stunden Zeit für deine geliebten Wölfe.“ Doch

zunächst einmal gibt es Lamas, Kamele, Giraffen und Zebras zu sehen. Und den dunklen Turm.

„Wo sind denn die Fledermäuse?“ Laura ist enttäuscht. Jetzt stehen sie schon seit ein paar Minuten hier unten im Turm, aber nichts passiert.

„Na, ihr seid lustig“, kommt es da aus einer Ecke, „die Sonne ist noch nicht einmal untergegangen. Die schlafen tagsüber doch!“ Ein rothaariger Junge kehrt gerade den Boden.

„Wenn ihr Fledermäuse sehen wollt, dann müsst ihr in ein oder zwei Stunden nach ihnen Ausschau halten. Oder noch besser: nachts.“

Laura tippt sich an die Stirn. „Nachts ist der Zoo doch zu!“

Jetzt schiebt der Junge den Dreck vom Boden in eine große Tüte und nickt. „Stimmt, aber die sind hier doch nicht eingeschlossen. Es dauert nicht mehr lange und sie flattern raus.“

Laura macht große Augen. „Echt, sie fliegen einfach so rum? Vielleicht sogar bis zu uns in den Garten?“

Der Rotschopf zuckt mit den Schultern. „Wer weiß. Wenn es da etwas Interessantes zu sehen gibt ... oder besser zu hören!“

Jetzt ist auch Jörg neugierig. „Was meinst du denn damit?“

Die beiden Geschwister folgen dem Jungen aus dem Turm. Draußen stellt er die Tüte und den Besen ab, und streckt die Hände in die Hosentasche seines viel zu großen Overalls.

„Wenn euch das wirklich interessiert“, flüstert er geheimnisvoll, „erzähle ich es euch. Auch einen?“ Wie durch Zauberhand hat er plötzlich drei Schokoriegel in der Hand. „Ich bin übrigens Jonas.“

Vor sich hinkauend sitzen die drei kurz darauf nebeneinander auf einer Bank und beobachten die anderen Besucher, die mit enttäuschten Mienen aus dem Fledermausturm kommen.

„Wie gesagt“, beginnt Jonas zu erzählen, „die Viecher sind nachtaktiv. Die schlafen tagsüber. Und blind sind sie auch.“

„Kein Wunder, wenn sie immer nur im Dunkeln unterwegs sind“, meint Jörg schmatzend.

„Aber wieso fliegen sie dann nicht ständig gegen Bäume?“, will Laura wissen.

„Na wegen ihrem Radar“, erklärt Jonas zwischen zwei Bissen.

Laura schaut ihn mit offenem Mund an. „Radar? Du willst mir jetzt nicht erzählen, dass sie in Flugzeugen unterwegs sind, oder?“

Jonas muss grinsen. „Quatsch, die haben den Radar biologisch eingebaut. Sie senden so was wie Schallwellen aus, die zu ihnen zurückkommen, wenn sie auf ein Hindernis stoßen. Wenn du ganz genau hinhörst, kannst du doch auch unterscheiden, ob du in einer großen, leeren Halle stehst oder in einem kleinen, unaufgeräumten Zimmer."

Laura schließt die Augen und konzentriert sich.

„Da!", sagt sie plötzlich. „Ich glaube, ich habe die Schallwellen von einer Fledermaus gehört."

„Keine Chance", widerspricht Jonas, „das kannst du nicht hören. Tiere hören viel höhere und andere Töne als wir. So wie Hundepfeifen, die hörst du doch auch nicht."

„Sind Fledermäuse wirklich mit Vampiren verwandt?", will Laura als nächstes wissen.

Jörg kichert los. „Mann, Laura, du liest zu viele Gruselgeschichten."

Doch Jonas erklärt: „Es gibt tatsächlich eine Fledermausart, die Vampirfledermaus genannt wird. Aber die lebt nicht hier in Europa. Und die beißen auch keine Menschen, sondern Kühe und

Schafe. Aber nicht schlimm, das ist so ähnlich wie Mückenstiche für uns. Wenn ihr mehr wissen wollt, müssen wir meinen Opa fragen.“

Jonas’ Opa arbeitet nämlich hier im Zoo. Deswegen hilft Jonas auch in den Sommerferien aus und verdient sich ein bisschen Taschengeld dazu. Diesen Opa will Laura natürlich unbedingt kennen lernen. Vor allem, nachdem sie erfahren hat, dass er auch für die Wölfe verantwortlich ist.

Hätte sie gewusst, wie seltsam Jonas’ Opa ist, vielleicht hätte sie sich nicht so sehr darauf gefreut. Denn der alte Mann blickt sie durch zusammengekniffene Augen an und flüstert:

„Ihr wollt die Wölfe sehen? Dann bleibt bloß nicht zu lange, denn bald wird etwas Schlimmes geschehen!“

Laura kriecht eine Gänsehaut über den Rücken. Dabei sehen die Wölfe eigentlich ganz normal aus.

„Was meint er?“, fragt sie Jonas. Der macht ein sorgenvolles Gesicht.

„Seit etwa zwei Wochen beginnen unsere Wölfe pünktlich um sechs Uhr zu heulen, als wollten sie den Mond vom Himmel holen. Und keiner weiß warum. Mein Opa sagt, das ist ein Zeichen. Wenn die Wölfe ohne einen Grund anfangen zu weinen, dann steht uns etwas Furchtbares bevor.“

Und tatsächlich, gerade schlägt die Turmuhr sechs, da beginnt erst einer, dann ein zweiter und schließlich das ganze Rudel, den Kopf nach oben zu strecken und zu heulen. Es ist ein schauerliches Geräusch, das selbst Laura zu viel ist. Mitten in das Wolfskonzert kommt ein Mann

im Anzug angerannt und fängt sofort an, zu schreien.

„Habe ich nicht klar und deutlich gesagt, dass das Geheule aufhören muss? Das hält doch niemand aus! Wenn das so weitergeht, müssen wir die Viecher verkaufen!“

Jonas flüstert den Geschwistern zu: „Das ist der Zoodirektor!“

Jonas’ Opa bleibt ruhig. „Selbst wenn Sie die Wölfe loswerden, unserem Schicksal entrinnen wir nicht“, orakelt er.

„Jetzt reicht es mir aber mit ihren Schauermärchen!“, brüllt der Direktor. „Morgen werde ich den Münchner Zoo anrufen, vielleicht will der sie haben!“

„Moment!“ Laura zupft an dem Jackett des wütenden Direktors. „Ich glaube, es gibt eine viel einfachere Lösung!“

Was meint sie damit?

Fall 2:
Detektiv auf Rädern

„Für Roberta“ steht auf dem Briefumschlag, in den Leo den Zettel mit einer kurzen Nachricht für seine große Schwester steckt. Seit zwei Tagen ist Roberta aus dem Sommerurlaub zurück, und Leo ist sehr froh darüber. Mit Roberta ist es zu Hause viel lustiger.

Er streckt sich und schiebt den Briefumschlag auf die hohe Kommode, die neben der Eingangstür steht. Als er seine Hand zurück ziehen will, stößt er gegen einen Gegenstand, der dort nicht hingehört. Noch bevor Leo reagieren kann, fliegt etwas Dunkles an ihm vorbei und knallt auf den Boden.

„Das kann doch nicht wahr sein! Mist!“, flucht Leo.

Was da mit großem Radau auf dem Boden gelandet ist, ist nichts anderes als die Teetasse seiner Schwester. Roberta ist berüchtigt dafür, ihre

Tasse halb ausgetrunken irgendwo hinzustellen und dort zu vergessen.

„Von mir aus kann sie sofort wieder in den Urlaub fahren!", schimpft Leo.

Mühsam beseitigt er die Scherben und den Tee. Ganz sauber wird es nicht – aber besser kann er es eben nicht.

„Entschuldigung, dass ich zu spät bin!" Leo ist noch ganz außer Atem, als er bei seinem Freund Addi ankommt. Die beiden haben sich zu einem Besuch des Tierparks verabredet.

In den ganzen Sommerferien ist noch kein einziger Kriminalfall passiert. Also bleibt den beiden Hobbydetektiven nichts anderes übrig, als sich mit anderen Dingen zu beschäftigen und geduldig zu warten, dass sie etwas zu tun bekommen.

„Früher oder später passiert etwas", sagt Addi immer.

Und Leo ergänzt dann: „Genau, denn das Verbrechen schläft nie."

Die beiden sind nicht die einzigen, die bei dem schönen Sommerwetter in den Tierpark wollen. Vor dem Eingang steht eine lange Menschenschlange. Es bleibt ihnen nichts anderes übrig, als sich hinten anzustellen. Als sie endlich vor dem Kassenhäuschen stehen, stellt Leo enttäuscht fest: „Da komme ich nicht rein. Ich passe niemals durch das Tor." Addi weiß sofort, was sein Freund meint.

„Warte", sagt er und wendet sich an den Kassierer. „Entschuldigung, haben Sie noch einen Eingang für Rollstuhlfahrer? Mein Freund kommt

sonst nicht rein.“ Missmutig wirft der Mann im Kassenhäuschen einen Blick aus seinem kleinen Fenster auf Leo.

„Wir haben einen Extraeingang. Den muss aber jemand aufschließen, und wie du siehst, habe ich jetzt keine Zeit dafür“, erklärt der Mann unwirsch und weist auf die Menschenschlange hinter den beiden. Addi und Leo gucken sich an. Doch bevor sie etwas sagen können, springt eine Frau, die hinter ihnen in der Reihe steht, an das Kassenhäuschen und schimpft.

„Sie können den Jungen doch nicht einfach vor dem Eingang stehen lassen! Entweder Sie kümmern sich jetzt um einen Kollegen, der den Eingang für Rollstuhlfahrer öffnet, oder Sie machen es selbst. Die paar Minuten können wir hier alle warten!“ Die Leute in der Reihe nicken zustimmend. Seufzend erhebt sich der Mann an der Kasse und tritt aus seinem Häuschen.

„Paule“, ruft er zu einem Tierpfleger in der Nähe, „mach mal dem Jungen da den Rollstuhlfahrereingang auf.“

Paule, der gerade eine Schubkarre mit schweren Futtersäcken schiebt und gleichzeitig noch

einige Kartons mit Tiernahrung unter den Armen transportiert, antwortet:

„Gleich. Ich muss nur die Sachen zum Stall bringen."

„Nicht gleich, sofort!", herrscht ihn der Kassierer an.

„Ich kann nicht, das siehst du doch."

„Ich kann nicht", äfft ihn ein anderer Tierpfleger nach. Der lehnt im Schatten eines Baums und hält eine Kaffeetasse in der Hand.

Der Kassierer flucht. Dann wendet er sich an den Tierpfleger mit der Kaffeetasse: „Dann mach du das eben, Frank!"

Frank protestiert: „Ich habe Pause."

Mit einem Blick auf die wartenden Leute vor der Kasse entscheidet der Kassierer: „Schluss damit, du machst das jetzt, Frank. Basta. Du weißt ja, wo der Schlüssel ist."

Verächtlich spuckt Frank auf den Boden. „Dann machst du nachher den Meerschweinchenstall sauber, Paule."

„Ich habe eine Allergie gegen Meerschweinchen, das weißt du genau“, antwortet Paule. „Ich bekomme Ausschlag, wenn ich zu ihnen gehe.“

„Zu nichts bist du nutze“, zischt Frank so laut, dass es die Ersten in der Schlange hören können, „du halber Meter. Wer so klein ist wie du, sollte machen, was ihm gesagt wird.“

Frank spuckt noch mal vor sich auf den Boden, doch dann scheint er endlich bereit zu sein, Leo an der Mauer entlang zu einem Extraeingang zu bringen. Addi folgt den beiden. Er möchte seinen Freund nicht mit diesem fiesen Typ alleine lassen. Frank führt die beiden einige Meter vom Eingang entfernt zu einer Gittertür. Er stellt seine Kaffeetasse nach oben auf einen kleinen Mauervorsprung in seiner Augenhöhe und holt von dort einen Schlüssel herunter.

„So, hier könnt ihr rein. Aber jetzt müsst ihr zur Kasse und euch Karten kaufen. Geschenkt gibt es nichts“, warnt Frank. „Ich komme mit und passe auf.“

Der Tierpfleger schließt die Tür hinter sich und legt den Schlüssel wieder auf den Mauervorsprung. Dann wendet er sich drohend zu den beiden Jungen: „Kein Sterbenswörtchen zu irgendjemandem über den Schlüssel."

Leo und Addi schütteln die Köpfe.

„Wenn der Tierpark so schrecklich ist wie die Pfleger, komme ich ohnehin nie wieder her", flüstert Leo seinem Freund zu.

Aber der kleine Tierpark ist dann doch sehr schön. Vor allem im Ziegengehege, in dem man herumlaufen darf, haben die beiden Detektive viel Spaß. Dort ist ein großer schwarzer Ziegenbock mit zwei gebogenen Hörnern, der sich immer wieder Erwachsene als Opfer aussucht und ihnen mit seinen Hörnern einen Stoß in den Allerwertesten versetzt.

Am nächsten Vormittag steht Addi aufgeregt bei Leo vor der Tür und wedelt ihm mit der Tageszeitung vor der Nase herum.

„Hast du das gelesen?“, ruft er.

„Ich kann es nicht lesen“, erklärt Leo gelassen, „wenn du damit wedelst, als wolltest du einen Schwarm Fliegen vertreiben.“

„Heute Nacht wurden im Tierpark alle Tiere aus ihren Gehegen freigelassen“, fasst Addi zusammen. „Na ja, fast alle“, verbessert er sich. „Die gefährlichen Tiere sind weiter sicher verwahrt.“

„Das ist endlich ein echter Kriminalfall. Komm, wir gucken uns den Tatort an!“ Leo packt seinen Rucksack mit der Detektivausrüstung, hängt ihn an seinen Rollstuhl, und dann machen sich die Freunde auf den Weg.

Als sie am Tierpark ankommen, stehen zwei Polizisten mit einer Gruppe von Menschen vor dem Kassenhäuschen. Die Polizisten reden mit einem Mann im Anzug.

„Das ist bestimmt der Leiter des Tierparks, und das andere sind die Mitarbeiter“, flüstert Addi, während Leo das Notizbuch zückt. „Ich erkenne den blöden Kassierer und den Tierpfleger Frank.“

„Ja“, nickt Leo, „und weiter hinten ist Paule. Siehst du ihn? Er kratzt sich gerade wie verrückt am Hals.“

Die beiden Detektive gehen näher heran, um etwas von dem Gespräch aufzuschnappen.

„Ich fasse noch mal zusammen“, sagt der eine Polizist und liest seine Notizen vor. „Die Überwachungskamera vor dem Eingang hat nichts Auffälliges aufgezeichnet, und über die Absperrung kann niemand klettern. Welche Möglichkeiten gibt es noch, um in den Park zu gelangen?“

„Den Rollstuhleingang!“, platzt Leo raus. Leo und Addi sind vor den anderen an dem kleinen Eingang.

„Ich muss auf deinen Rolli klettern und nach dem Schlüssel gucken“, sagt Addi. „Fahr mal näher an die Wand, aber pass auf, ich will mir nicht mein weißes T-Shirt mit dem braunen Zeug da an der Wand versauen.“ Addi deutet auf einen Fleck, der sich vom Boden bis unter das Fensterbrett ausbreitet.

„Nichts anfassen!“, ruft einer der Polizisten gerade in dem Moment, als Addi auf dem Rolli steht. „Keine Spuren verwischen!“

„Klar, weiß ich doch“, sagt Addi gelassen und springt wieder auf den Boden. „Ich wollte nur gucken. Der Schlüssel ist noch da.“

„Und was sagt uns das jetzt?“, fragt der Zooleiter und blickt die Polizisten an.

„Das müssen wir noch überprüfen“, antwortet der Beamte und tritt mit seinem Fuß die Scherbe von einer Tasse zur Seite.

Addi und Leo schauen sich an, dann sagt Leo:
„Also, wir wissen schon, was passiert ist."

Und wie sieht es mit dir aus?

Fall 3:
Das Lama-Rätsel

„Steht wieder was über die Lamas in der Zeitung?“, will Caro wissen, kaum dass sie sich am Frühstückstisch niedergelassen hat. Schon seit Beginn der Sommerferien erscheinen im Tageblatt regelmäßig Reportagen über die frechen Lamas des Zoos. Offensichtlich haben die etwas gegen Besucher – noch nie wurden so viele angespuckt! Caro hat alle Artikel ausgeschnitten,

denn alles, was den Zoo betrifft, interessiert sie brennend. Jede freie Minute verbringt sie dort.

Caros Mutter lächelt ihre Tochter über den Rand der Zeitung an. „Ja – hier, ich hab dir den Artikel schon rausgelegt.“ Begierig greift Caro danach.

„Lamas haben sich auf Besucher eingeschossen!“, lautet die Schlagzeile. „Die für ihre Treffsicherheit berüchtigten Tiere haben schon jetzt den Spuckrekord der letzten Woche gebrochen. Zoodirektor Finke hat nun eine Tierpsychologin hinzugezogen, die den Plagegeistern Manieren beibringen soll“, liest Caro.

„Das muss ich mir unbedingt anschauen!“

„Was musst du dir anschauen?“, fragt Caros Bruder Oli, der im Schlafanzug in die Küche geschlurft kommt.

„Wie die Tier-Nanny mit den Lamas arbeitet. Kommst du mit?“

„Auf keinen Fall! Ich will mich ja nicht zu Tode langweilen.“

Caro schnaubt nur verächtlich.

„Was denn? Ich finde eben nur die großen Fische toll. Wenn die Tier-Nanny einen Orca dressieren würde – das wäre was!"

„Orcas sind keine Fische."

Wie oft hat Caro ihrem Bruder schon erklärt, dass die großen Schwertwale, wie alle Wale, zu den Säugetieren gehören? Aber Oli ist und bleibt ein Banause. Und ausgerechnet er kann jeden Tag umsonst in den Zoo! Sein bester Freund Fabian ist nämlich der Sohn des Direktors.

„Ich geh dann mal!“, verabschiedet Caro sich kurz darauf. Sie hat es eilig. Vor dem Zoo will sie noch in die Buchhandlung und das Buch über die verschiedenen Kamelarten abholen, das sie bestellt hat – aber es ist leider noch nicht da. So ein Ärger! Wie soll Caro jetzt rausfinden, was mit den Lamas los ist?

Im Zoo angekommen, läuft Caro ihrem Bruder in die Arme, der mit Fabian, Mona und Sven auf der Mauer vor dem Robbenbecken sitzt. Sven und Mona sind Fabians Cousin und Cousine und

in den Ferien zu Besuch. Oli unterhält sich mit Mona, während Fabian mit Sven flüstert, der fröhlich schmatzend kichert. Auch Fabian lacht und verschluckt sich fast an seiner Limo.

„Ich dachte, du hättest keine Lust auf Zoo?“, fragt Caro ihren Bruder überrascht.

„Was? Äh, ja. Nein“, stottert Oli. Wieso wird er auf einmal rot?

„Ich wollte nur nicht zu den Lamas! Aber heute sind Taucher im Haifischbecken – zum Saubermachen.“

„Und dann gehen wir zur Fütterung der Delfine“, ergänzt Mona.

„Wie jeden Tag!“, grinst Fabian.

„Das ist eben spannend!“, verteidigt sich Oli.

„Ja, alles klar!“, lacht Sven. „Da haben sich zwei gefunden.“

„Mund zu! Wenn du schon blöde Witze reißt, erspar uns wenigstens den Anblick deines Kaugummis, oder was das auch immer ist!“ Mona ist nicht gerade auf den Mund gefallen!

Caro betrachtet Oli nachdenklich. In letzter Zeit ist er wirklich oft im Zoo.

„Gehen wir zu den Lamas?“, will Sven wissen. Mona und Oli schütteln die Köpfe, aber Caro muss er das nicht zweimal fragen. Auch Fabian kommt mit.

Caro ist ganz aufgeregt – ob die Tier-Psychologin schon da ist? Sie ist – und hat überhaupt nichts dagegen, dass Caro sie mit Fragen löchert. Sven und Fabian dagegen sind bald gelangweilt und verziehen sich.

„Lamas spucken sich doch meistens nur gegenseitig an, oder? Wenn sie Rangkämpfe austragen und so“, sagt Caro und sieht dabei ratlos die Tier-Nanny an.

„Das stimmt. Lamas spucken eigentlich nicht gezielt auf Menschen – es sei denn, sie fühlen sich bedroht. Gab es denn in letzter Zeit viele Besucher, die die Tiere geärgert haben?“

Caro zuckt die Schultern. „Nicht, dass ich wüsste.“

„Na, haben Sie das Problem schon gefunden?"

Herr Direktor Finke ist höchstpersönlich vorbeigekommen, um nach dem Rechten zu sehen.

„Nein. Seit ich hier bin, verhalten sich die Tiere ruhig – gespuckt hat kein einziges. Außergewöhnlich ist nur, dass sie sich von den Bäumen fernhalten, die zwischen ihrem Gehege und dem der Großkamele stehen."

Nachdenklich blickt Herr Finke in die Richtung, in die die Tier-Nanny deutet. Die Blätter in einer der Baumkronen rascheln.

„Vielleicht liegt das daran, dass den Tieren die Bäume noch fremd sind“, überlegt er, „wir haben das Gehege erst vor kurzem erweitert. Vorher verlief zwischen der Umzäunung und den Bäumen ein breiter Weg, jetzt ist da nur noch ein Trampelpfad.“

„Aber das erklärt nicht, wieso die Lamas die Besucher attackieren“, wendet die Tier-Nanny ein.

In diesem Augenblick ertönt ein Schrei.

„Ihhh! Das Kamel hat mich bespuckt!“

Im Nu sind der Direktor, die Psychologin und Caro vor Ort. Es hat einen kleinen Jungen erwischt, der mit seinem Großvater hier ist.

„Wo wurdest du getroffen?“, will die Tier-Nanny wissen. Der Kleine deutet auf seinen Rücken. Die Psychologin begutachtet die Stelle. Es ist nichts zu sehen.

„Halb so wild! Das Kamel hat keinen Mageninhalt gespuckt. Das machen sie nämlich, wenn sie richtig wütend sind. Und das stinkt fürchterlich!“

„Das ist doch...!“

Nun greift sich auch der Großvater in den Nacken und macht schnell einen Satz aus der Gefahrenzone.

Während der Direktor versucht, den aufgebrachten alten Herrn zu beruhigen, sieht Caro sich um. Die großen Kamele stehen gemächlich kauend in der Nähe des Zaunes und sehen aus, als könnten sie kein Wässerchen trüben.

Herr Finke ist ganz außer sich. „Wir haben eine Spuckepidemie! Nicht genug damit, dass sich die

Lamas daneben benehmen, jetzt haben sie auch noch die Kamele angesteckt!“

„Ich dachte immer, nur Lamas seien fürs Spucken berühmt!“, schaltet sich Caro ein.

„Das stimmt. Aber unter gewissen Voraussetzungen spucken auch Kamele. Bei Kämpfen, oder wenn sie gereizt werden“, erklärt die Tier-Nanny.

Plitsch! Der nächste Treffer. Diesmal ist der Direktor selbst in die Schusslinie geraten. Komisch, dass die Tiere immer nur spucken, wenn gerade niemand hinsieht.

„Darf ich?“ Ohne eine Antwort abzuwarten, fischt Caro das Spuckebällchen von der Wange des Direktors und untersucht es. Sie riecht sogar daran – die weiße, klebrige Masse stinkt nicht und erinnert Caro an etwas, nur an was?

„Du riechst an Kamelspucke? Wie eklig!“ Oli, der gerade mit Mona vorbeikommt, betrachtet seine Schwester angewidert. Caro will gerade zu einer entsprechenden Antwort ansetzen, als ihr

Blick auf Olis Hand fällt. Oder vielmehr auf das, was er festhält. Ein Stück Papier.

„Papier! Genau! Das sind Bällchen aus aufgeweichtem Papier!“, ruft Caro. Schnell versteckt Oli seine Hand hinter dem Rücken. Nicht schnell genug für Caro, die darauf ein paar Zahlen und einen Buchstaben – M – erkennt. Grübelnd zieht Caro ihr Näschen kraus. Olis Gesichtsfarbe ähnelt der einer reifen Tomate. Komisch. Genau wie die von Mona!

„Was ist hier los? Haltet ihr eine Versammlung ab, oder was?“, ruft es da von Weitem. Fabian und Sven, die aus riesigen Strohhalmen abwechselnd Limo aus der mittlerweile fast leeren Flasche schlürfen, schlendern langsam auf die Gruppe zu. Caro sieht die beiden mit großen Augen an. Jetzt ist ihr alles klar!

„Willst du damit sagen, dass die ganze Zeit jemand mit Papierbällchen um sich spuckt?“, vergewissert sich der Zoodirektor bei Caro. „Das ist doch die Höhe!“

„Tja, es sind wohl nicht die Vierbeiner, die ein bisschen Benimmnachhilfe gebrauchen könnten“, schmunzelt die Tier-Nanny.

„Nee, die Zweibeiner“, lacht Caro, „und für den Unterricht ist Direktor Finke zuständig!“

Was meint Caro wohl damit?

Fall 4:
Wo sind die Schlangen?

„Manfred, lässt du die Kamera drinnen bitte laufen? Bei den schlechten Lichtverhältnissen brauche ich so viel Material wie möglich!"

Jan stutzt. Er ist schon wegen der Nachtbegehung des Terrariums aufgeregt. Aber hier ist auch noch ein Kamerateam vor Ort! Weil Jan später mal Tierreporter werden möchte, schiebt er sich vorsichtig an die junge Frau heran, die jetzt in die Kamera lächelt.

„Hallo meine Damen und Herren. Heute begleiten wir die Sommer-Nachtführung im Terrarium. Von Fledermäusen über Echsen bis hin zu Kakerlaken – heute stehen nachtaktive Tiere auf dem Programm. Ja, Sie haben richtig gehört, auch Kakerlaken. Jene Tiere, die keiner von uns gerne in seiner Küche hat." Sie lächelt professionell und fährt fort. „Nur zweimal im Jahr öffnet das Terrarium abends seine Pforten für

Besucher. Deshalb haben sich hier auch eine Menge Tierfreunde eingefunden."

Jan schaut noch immer fasziniert zu, als er plötzlich das Mikrofon unter der Nase hat.

„Und wer bist du?"

Jan reißt sich zusammen. „Hallo, ich heiße Jan", grinst er in die Kamera. „Und ich bin hier, weil ich unbedingt mal einen Gecko streicheln will." Die Reporterin nimmt das Mikrofon runter und strahlt Jan an.

„Ich bin Lisa“, sagt sie. „Und du machst das toll. Dürfen wir dich bei der Führung begleiten?“

„Gerne! Ich will nämlich Reporter werden“, erklärt er Lisa.

„Das trifft sich ja gut!“, findet die und streckt ihm ihre Hand hin. „Willkommen an Bord, Kollege.“

Jan beginnt fast ein wenig zu glühen, doch als der Kameramann losgeht, um noch ein paar Außenaufnahmen zu machen, verfliegt seine Nervosität. Lisa ist nicht nur nett, sie kennt sich auch prima aus.

„Hast du ein Terrarium?“, will sie wissen. Jan schüttelt den Kopf. „Nein. Die Tiere, die mich am meisten interessieren, dürfen gar nicht gehalten werden“, erklärt er. „Meine Mama hat mir erzählt, dass es deshalb Schmuggler gibt, die ihre Eier stehlen und sie teuer verkaufen.“

Lisa nickt. „Stimmt, bei Riesenschlangen ist das ähnlich“, erzählt sie. „Deren Haut wird nämlich gerne zu Handtaschen verarbeitet. Das ist auch verboten. Und weil man ja schlecht eine ausgewachsene Boa oder Python verstecken kann, werden meist Jungtiere geschmuggelt.“

Jan schüttelt sich. „Die Armen, die haben bestimmt Angst!“, will er gerade sagen, da öffnet sich die Tür zum Terrarium.

In dem Gedränge verliert Jan das Kamerateam. So viele Menschen schieben sich in das Gebäude.

„Jetzt hör aber auf!“, zischt eine Stimme hinter ihm. „Betrachte die acht Euro Eintritt einfach als Investition.“

„Wie soll es denn Geld einbringen, wenn wir uns Kriechtiere ansehen?“, zischt jemand zurück.

Jan dreht sich um und stolpert. Gerade noch erhascht er einen Blick auf das ungleiche Paar hinter ihm: Der Mann ist groß und trägt richtige Clownsschuhe. Sie dagegen ist so klein und schmal, dass ihre Handtasche breiter ist als sie selbst.

„Aufgepasst, Junge!“, kommt es da von vorne. Jan hält sich gerade noch an dem Rucksack des

Mädchens vor ihm fest. Ihr Begleiter fängt ihn auf und lässt dabei seine Handschuhe fallen. Schnell bückt er sich, und das ist auch gut so. In dem Dämmerlicht ist es echt schwierig, dunkle Sachen zu erkennen. Schon sind sie drinnen. Die Luft ist feucht und warm.

„Alles klar mit dir?“, fragt das Mädchen Jan und greift nach ihrem Rucksack. „Guck mal, Rob, der Kleine ist ganz blass. Willst du einen Schluck Tee?“ Bevor Jan verneinen kann, fährt ihr Begleiter dazwischen und stopft die Teekanne hastig wieder zurück. Dabei raschelt es ganz eigenartig.

„Mach mal halblang, Maren! So ein kleiner Stolperer wird den Jungen schon nicht gleich umwerfen, stimmt's?“ Er zwinkert Jan zu. „Du brauchst doch sicher keinen Tee, oder?“

Jan schüttelt den Kopf. Hier ist es viel zu warm, um Tee zu trinken.

Sobald Jan Lisa und ihr Team wiedergefunden hat, ist er der Star des Abends. Ständig ist die Kamera auf ihn gerichtet. Er darf sogar zu den

Fledermäusen ins Gewölbe, und er steht auch ganz vorne, als die Glasscheibe zu den Kakerlaken geöffnet wird.

„Ist das hier eine Riesenkakerlake?“, fragt Lisa und deutet auf das große Insekt.

Die Pflegerin grinst. „Unsere Exemplare haben schon ein größeres Kaliber als die gewöhnlichen Küchenschaben. Aber eigentlich ist die Größe egal. Denn haben sie sich einmal eingenistet, ist sowieso alles zu spät. Kakerlaken sind extrem zäh. Die überleben alles.“

Dann geht es weiter zum Leopardengecko. Wieder ist es Jan, der ihn streicheln darf.

„Wie fühlt sich das an?“, will Maren von ihm wissen, als sie vor dem Schlangenterrarium Halt machen. Rob kniet am Rand und hantiert im Dunkeln mit der Thermoskanne. In seinen schwarzen Klamotten sieht man ihn fast gar nicht.

„Oben weich wie ein Fell“, erklärt Jan, „ansonsten warm und trocken.“

Maren schaudert. „Ich bekäme bestimmt eine Gänsehaut!“

„Quatsch!“, mischt sich der riesige Mann mit den großen Füßen ein. Er steht wie immer weit hinten, um niemandem den Blick zu verstellen. „Geckos sind harmlos. Du solltest bloß keine von diesen Schlangen streicheln! Die sind bestimmt giftig!“

Er entdeckt seine Frau weiter vorne und ruft alarmiert: „Doris! Finger weg von den Schlangen, ich will dich heute Nacht nicht ins Krankenhaus bringen müssen!“

„Jetzt mal keine Panik“, beruhigt ihn der Schlangenpfleger, „das hier sind Boas, die erdrosseln ihre Beute, wie alle andern Riesenschlangen auch. Die sind nicht giftig!“

Plötzlich entsteht ein Tumult in den vorderen Reihen. Alle blicken nach unten und weichen erschrocken zurück. Auf dem Boden wimmelt es plötzlich von kleinen Insekten, die orientierungslos herumflitzen. Kakerlaken! Manfred nimmt seine Kamera von der Schulter und schwenkt sie wild herum. Die Pfleger fangen die flüchtigen Tierchen schnell wieder ein. Das Kakerlakenterrarium wird aufgesperrt und die Ausreißer landen hinter Glas. Doch bevor es weitergehen kann, ertönt plötzlich eine Stimme.

„Niemand bewegt sich von der Stelle! Unser Nachwuchs ist verschwunden!“

Und tatsächlich: Drei der Babyschlangen fehlen. Schließlich kommt sogar die Polizei. Sämtliche Besucher der Nachttour werden durchsucht, aber die Schlangen tauchen nicht auf. Adressen werden aufgenommen, bevor die Besucher nach Hause gehen können.

„Ist es möglich, dass die Schlangen geflohen sind?“, fragt der Kommissar. Die Tierpfleger zucken mit den Schultern. Möglich ist das schon, immerhin waren sie alle damit abgelenkt, die Kakerlaken einzusammeln, die sich inzwischen argwöhnisch in ihrem Terrarium beäugen. Auf der einen Seite die braunen, auf der anderen Seite die kleineren gräulichen.

Plötzlich hat Jan eine Idee.

„Darf ich eure Kameraaufnahmen sehen?“, bittet er Lisa. Nur wenig später sitzt er mit dem Team im Bus des Senders. Alle starren auf den Monitor.

„Was ist denn das?“ Lisa klingt enttäuscht. „Manfred! Ich dachte, du hättest die Kakerlakenflucht aufgenommen!“ Auf dem dunklen Bild kann man fast nichts erkennen. Aber nur fast.

„Spul noch mal zurück!“, bittet Jan. Das Schlangenterrarium kommt ins Bild. Mehrere

Babyschlangen wuseln durcheinander, dann scheinen sie nacheinander durch die Luft zu schweben und zu verschwinden. Es folgt ein Geräusch, als ob jemand eine lose Schraube festdreht.

„Schnell!“, ruft Jan aufgeregt. „Ich weiß, wer die Schlangen entführt hat und auch wie! Das war ein echt gemeiner Zaubertrick!“

Was hat Jan kombiniert?

Fall 5:
Experten unter sich

„Wenn das so weitergeht, kannst du gleich hier einziehen!“, grinst Herr Ede Nanni an, nimmt seinen Hut ab und wischt sich den Schweiß von der Stirn. Dann lässt er sich auf die kleine Bank plumpsen, auf der Nanni sitzt und Hausaufgaben macht. Na ja, eigentlich macht sie nicht wirklich Hausaufgaben, aber sie denkt schon mal darüber nach. Denn nächste Woche will ihre Lehrerin von den Schülern eine kleine Urlaubsgeschichte haben. Und weil Nanni sich gar nicht entscheiden kann, was sie erzählen soll, sitzt sie hier in der Vogel-Voliere des Zoos und überlegt.

Hier wartet sie am liebsten darauf, dass ihre Mama Feierabend macht. Nannis Mutter ist nämlich Tierpflegerin bei den Affen. Letztes Jahr wohnte sogar ein kleines Äffchen bei Nanni zu Hause. Das trug ihre Mutter die ersten Wochen tagsüber mit sich herum. Die Affenmutter hatte

das Kleine nicht angenommen, und so musste es von einer menschlichen Ersatzmama versorgt werden.

„Normalerweise können sich Affenbabys im Haar ihrer Mutter gut festhalten“, hatte Nannis Mama erklärt, während sie sich das Miniäffchen mit einem Tuch um den Bauch band. „Aber da ich nun mal kein Fell habe, muss ich ihm ein bisschen helfen.“

Nanni hatte sich ausgeschüttet vor Lachen, und das Affenkind hatte zurückgegrinst. Jedenfalls hatte es so ausgesehen. Klar, dass diese Geschichte in ihrer Klasse einschlug wie eine Bombe. Alle wollten Nanni zu Hause besuchen. Deswegen muss sie sich für dieses Jahr auch was Besonderes einfallen lassen. Das erwarten ihre Mitschüler von ihr.

Ein Papagei kommt kreischend herabgesegelt, setzt sich neben Nanni und Herrn Ede und legt den Kopf schräg.

„Gibt es eigentlich Vögel, die ihre Kinder mit sich herumtragen?"

Herr Ede schüttelt den Kopf. „Nein, das würde sie beim Fliegen aus dem Gleichgewicht bringen. Deswegen legen sie wohl auch Eier und kriegen keinen lebenden Nachwuchs wie Säugetiere.“

Nanni seufzt. „Ich würde auch gerne fliegen!“

Herr Ede lässt ein kleines Lachen hören. „Das kannst du dir abschminken“, brummelt er dann und kratzt sich hinterm Ohr. „Du bist viel zu schwer. Schließlich hast du keine luftgefüllten Knochen, wie Vögel sie haben.“

„Na klar, schließlich bin ich ein Kolibri!“, widerspricht Nanni. Herr Ede nennt sie nämlich immer ‚Zwergkolibri’. Das ist die kleinste Vogelart der Welt. Zwergkolibris werden gerade mal 6 Zentimeter groß und wiegen nicht viel mehr als 2 Gramm! Zu seiner Frau sagt Herr Ede oft ‚Kleines Täubchen’. Dann muss Nanni lachen, denn die Frau von Herrn Ede ist mindestens einen Kopf größer als er.

Normalerweise erzählt Herr Ede Nanni immer spannende Dinge, während sie auf ihre Mutter wartet. Letzte Woche haben sie sich über Pinguine unterhalten. Die können nicht mehr fliegen, weil sie sich ihrer Umgebung angepasst haben.

„Dafür fliegen sie jetzt sozusagen unter Wasser!“, hatte Herr Ede mit leuchtenden Augen berichtet. Auch andere Lebewesen haben sich nach und nach verändert. Das Skelett eines Hais besteht ganz aus Knorpeln und ist deswegen leichter als das von Fischen mit richtigen Knochen. Seine Zähne dagegen sitzen nicht im Kiefer fest und wachsen in lauter Reihen hintereinander immer wieder nach.

„Aber auch Vögel“, hat Herr Ede gestern erzählt, „haben keine echten Zähne, sondern höchstens Zacken in ihren Schnäbeln aus Horn. Nur Tauben- und Gänsevögel haben einen Schnabel aus Knochenmasse unter einer weichen Haut. Und kneifen können sie damit recht feste!“ Herr Ede kichert.

Nanni muss auch lächeln, wenn sie an den Vorfall von gestern denkt. Im Zoo gibt es nämlich auch einen kleinen See. Dort faulenzen die Gänse, Enten und Schwäne am liebsten. Ausgerechnet dort wollte der neue Mitarbeiter im Zoo, Stefan, gestern in seiner Mittagspause eine Runde Jonglieren üben. Die Enten waren aufgescheucht davon gepaddelt. Die Gänse aber waren erst auf Stefans Bälle losgegangen und schließlich auf ihn selbst. Mit weit aufgesperrten Schnäbeln hatten sie ihn angefaucht und nach seinen bleichen Beinen geschnappt. Mann, was war Stefan gerannt! Nanni hatte krampfhaft ihr Lachen unter-

drückt, denn sie wollte ihn nicht beleidigen. Eigentlich ist Stefan nämlich ein netter Kerl.

Die Zoodirektorin hat ihn für seine gesamten Ferien eingestellt, um all die Ausstellungsstücke zu sortieren, die ungeordnet im Keller liegen. Stefan studiert Biologie, und vielleicht will Nanni das später auch einmal machen. Im Winter, wenn die Vögel nicht in dem riesigen Außenkäfig sind, sondern im Warmen, verbringt Nanni viel Zeit im Keller. Dort schaut sie sich die Skelette an und die Federn, die Eierschalen und die ausgestopften Tiere.

„Nanni, Schatz, bist du hier?“ Ihre Mama biegt um die Ecke. „Ich habe Stefan versprochen, ihm noch ein Stündchen beim Sortieren zu helfen.“ Sie lächelt ihre Tochter an. „Willst du mit?“

Schnell springt Nanni auf. „Natürlich!“ Was für eine Frage. Vielleicht studiert Nanni nämlich später doch nicht Biologie, sondern Archäologie.

Das stellt sie sich auch toll vor. Den ganzen Tag lang würde sie Ausgrabungen machen und bestimmt etwas unglaublich Wichtiges entdecken. Zum Beispiel verschüttete Städte oder den Knochen eines Flugsauriers.

Begeistert hüpft sie neben ihrer Mutter die Kellertreppe hinunter, als sie jemanden jammern hört.

„Au weh! Was für ein Durcheinander!“ Stefan steht kopfschüttelnd neben dem ersten Regal.

„Keine Sorge“, ruft Nannis Mama fröhlich, „der Hilfstrupp ist schon da!“

Stefan winkt ihnen zu. „Ihr seid Lebensretter!“ Na, das findet Nanni nun doch ein bisschen übertrieben, aber stolz ist sie trotzdem. „Hier sieht es aus, als hätte jemand seit Jahren alles Mögliche gesammelt und einfach zusammengestopft. Schaut euch das mal an!“ In der rechten Hand hält er ein riesiges Ei, mindestens 15 Zentimeter groß. In der anderen erkennt Nanni einen ganz kleinen, sehr schmalen Skelettkopf, dem der Unterkiefer fehlt. Nur zwei Backenzähne sind noch zu erkennen.

„Ein Straußenei!“, ruft Nanni begeistert und hält die Hände auf. Doch Stefan hält ihr den Tierkopf entgegen.

„Sei nicht böse“, bittet er, „aber das Ei hier ist das letzte aus der Sammlung, das noch ganz ist. Legst du den Vogelkopf dort rüber? Der ist ja eh schon hinüber.“

Nanni nickt und legt den Kopf vorsichtig auf einen Tisch, wo bereits andere beschädigte Ausstellungsstücke zu finden sind. Ein langer Knochen, der in der Mitte gesplittert ist, ein paar bläuliche Eierschalen und ein Seepferdchen, dem der Schwanz fehlt.

„Das Seepferdchen ist wohl vom Aquarium hier gelandet“, meint Stefan. „Genauso wie die Haizähne dort drüben. Der Arme muss sich jetzt wohl ein Gebiss machen lassen.“ Nanni schaut sich alles ehrfürchtig an. Jetzt legt Stefan ein paar kleinere Knochen zu dem großen.

„Um das hier alles zu sortieren und richtig zu beschriften, brauche ich bestimmt Jahre!“, seufzt

er. „Vieles muss wesentlich älter sein, als es aussieht. So wie der große Knochen da vorne. Siehst du? Angeblich ist der erst drei Monate alt. Aber im Inneren ist er schon ganz löchrig. Kein Wunder, dass er so leicht kaputt ging."

Nannis Mama hat inzwischen ein paar Sachen in eine Kiste verstaut. „Hier haben wir lauter Affen", grinst sie, „damit kenne ich mich aus."

Stefan lächelt erleichtert. „Mit eurer Hilfe schaffe ich es vielleicht, wenigstens ein oder zwei interessante Ausstellungsstücke zusammenzusetzten. Irgendetwas muss ich meinem Professor nach den Ferien vorweisen. Sonst bekomme ich keine Note."

Nanni nickt. Sie weiß, wie er sich fühlt. Immerhin ist sie sich auch noch nicht sicher, welche Urlaubsgeschichte sie ihrer Klasse präsentieren soll. Doch da fällt ihr Blick plötzlich auf den geborstenen Knochen, die Haizähne und den kleinen Tierkopf ohne Unterkiefer, und sie muss grinsen. Jetzt weiß sie, worüber sie schreiben wird. Über einen Biologiestudenten, der ganz dringend Nachhilfe braucht!

Was meint Nanni damit?

Fall 6:
Die Nervensäge

Frau Hühnchen steht zwischen ihren Töchtern Lena und Emma und deren Freundinnen Melli und Bine und hält einen kleinen Plan in der Hand. Tierpark Pfarrhausen steht darauf.

„Die Löwen werden um 12.25 Uhr gefüttert", liest Frau Hühnchen vor, „das sollten wir uns ansehen, oder?"

Lena greift nach dem Plan und guckt selber.

„Also ich“, erklärt sie, „möchte unbedingt das kleine Elefantenbaby beim Baden sehen. Das ist um 12.15 Uhr.“

„Bine und ich wollen die Spielstunde von den Affen um 12.05 Uhr sehen.“

Melli wirft jetzt auch einen Blick auf den Plan.

„Selbst wenn alles gleich nebeneinander wäre, würden wir das niemals schaffen.“

„Was machen wir denn jetzt?“ Lena blickt die anderen an.

„Ich würde sagen, wir trennen uns“, schlägt Frau Hühnchen vor, „dann können alle sehen, was sie wollen. Und in einer Stunde treffen wir uns im Café auf ein Eis. Was sagt ihr dazu?“

Alle sind begeistert. Frau Hühnchen bricht auf zu den Löwen, Emma und Bine machen sich auf den Weg zu den Affen, und Lena und Melli schlendern gemütlich zum Elefantenhaus.

„Löwen und Affen kann man immer sehen, aber so ein kleines Elefantenbaby, das ist super selten“, erklärt Lena.

„Das stimmt. Mein Bruder war letzte Woche mit seiner Klasse hier, und er hat den ganzen Abend lang nur von dem Elefantenbaby erzählt. Es muss wirklich niedlich sein.“

Die beiden sind früh genug da und finden noch gute Plätze in der ersten Reihe.

„Hier müssen wir nur aufpassen, dass wir nicht nass gespritzt werden“, lacht Lena.

Plötzlich ruft ein Mann, der links neben Melli steht: „Hey, wann geht es denn los? Wir haben doch nicht den ganzen Tag Zeit.“

Melli wirft einen Blick auf ihre Uhr.

„Es ist doch erst eine Minute zu spät“, sagt sie leicht vorwurfsvoll.

Als der Mann nicht darauf reagiert, wendet sie sich zu Lena und flüstert ihr ins Ohr: „Mann, ist der ungeduldig. Dabei hat er einen Aufnäher auf seinem Ärmel an der Jeansjacke, auf dem steht Tierfreund.“

Lena blickt an Melli vorbei, um sich den Mann genauer anzugucken.

„Seltsamer Typ“, meint sie dann, „roter Hut, grüne Sonnenbrille, der sieht aus wie ein Clown. Dabei ist er hier im Zoo und nicht im Zirkus.“

Melli muss kichern.

„Ah, na endlich!“, schreit der Mann neben ihr und fängt an zu klatschen. Die anderen Zuschauer fallen mit ein, denn in diesem Moment wird eine riesige Badewanne von zwei Pflegern zu den Elefanten herein geschoben. Sofort kommt ein kleiner Elefant hinter den Beinen seiner Mutter hervor. Freudig springt er in die Badewanne.

„Yippie, endlich duschen!“, schreit der seltsame Mann neben Melli und schwenkt seinen Hut.

Genervt tritt Melli einen Schritt zur Seite, sie hat Angst, den Arm von dem Mann an den Kopf zu bekommen. Zum Glück hält der Elefant gerade in diesem Moment den Rüssel in die Luft und spritzt die erste Ladung Wasser über sich. Das sieht so lustig aus, dass Melli den Mann fast vergisst.

„Hey, Elefant!“, ruft der Mann da jedoch. „Das macht Spaß, oder?“

Der Elefant reagiert gar nicht und tobt weiter im Wasser.

„Komm Elefant, dusche uns doch auch mal!" Der Mann neben Melli winkt weiter mit seinem roten Hut.

Melli will sich gerade beschweren, weil sie den Arm des Mannes schon wieder fast abbekommen hat, als eine Männerstimme hinter ihr sagt: „Jetzt hören Sie doch endlich mal auf, so ein Theater zu veranstalten."

„Genau", pflichtet eine weitere Stimme bei, „wir sind hier, um den Elefanten zu sehen und nicht Sie."

Lena blickt sich um und sieht mehrere Zuschauer, die den Mann mit dem roten Hut böse ansehen. Der zuckt nur die Schultern. Dann wendet er sich an Melli:

„Sag mal, wie spät ist es denn jetzt?"

„Genau 12.28 Uhr", erklärt Melli.

Der Mann nickt zufrieden, lächelt und quetscht sich dann durch die Zuschauerreihen Richtung Ausgang.

„Uff, den sind wir los", seufzt Melli erleichtert.

Jetzt steht dem Genuss des Badespektakels nichts mehr im Weg.

Als Melli und Lena in dem Café ankommen, warten die anderen drei schon. Sie bestellen alle einen großen Eisbecher und erzählen, was sie erlebt haben. Als Melli und Lena von dem Mann mit dem roten Hut erzählen, fällt Emma ihnen ins Wort: „Genau der stand auch bei uns. Wir hatten gerade noch so einen Platz ganz vorne auf der linken Seite bekommen, und dann kommt dieser Kerl und quetscht sich noch zwischen uns und

eine Frau. Bine wurde an der Wand fast platt gedrückt, und die Frau war auch genervt. Und dann hat er immer dazwischen gerufen."

„Ja, bei uns auch!" Melli ist ganz aufgeregt. „Er hat immer mit seinem Hut gewunken, und ich musste die ganze Zeit aufpassen, dass ich seinen Arm nicht ins Gesicht bekomme."

„Der hatte zwar einen Aufnäher mit Tierfreund an seinem Jackenärmel, aber ich glaube, der mag gar keine Tiere. Zumindest mögen den bestimmt keine Tiere." Lena stochert in ihrem Eis, als würde die Erinnerung an diesen Kerl ihr den Appetit verderben.

„Stimmt, der hatte so einen blöden Aufnäher, der war genau auf meiner Augenhöhe", sagt Emma.

„Das ist wirklich ein Ding", erklärt jetzt auch Frau Hühnchen. „Bei der Löwenfütterung war er auch. Ich stand zum Glück etwas weiter weg von ihm. Aber den Aufnäher auf dem rechten Arm konnte ich auch sehen. Und natürlich seinen roten Hut, mit dem er die ganze Zeit gewunken hat."

„Damit ihn bloß jeder sieht." Melli verzieht das Gesicht.

„Tja, solche Menschen gibt es. Die müssen immer im Mittelpunkt stehen. Man darf sich von denen aber nicht den Spaß verderben lassen", erklärt Frau Hühnchen. „Also esst, Mädchen, bevor das Eis schmilzt."

Gerade machen sie sich über ihr Eis her, da kommt plötzlich ein erschrockener Ruf von einer älteren Dame am Nachbartisch.

„Hilfe, meine Handtasche wurde geklaut! Eben hing sie doch noch hier an meinem Stuhl."

Der Mann, der mit der Frau am Tisch sitzt, beugt sich nach unten, doch auf dem Boden liegt die Tasche nicht.

„Hast du sie vielleicht irgendwo anders vergessen?", fragt er besorgt.

„Nein, das kann nicht sein. Ich habe dir doch vorhin noch die Kamera aus der Tasche gege-

ben.“ Die Frau zeigt auf eine Digitalkamera, die auf dem Tisch liegt.

Lena blickt sich suchend um.

„Hier liegt auch nichts“, sagt sie dann zu der Frau.

Der Mann der bestohlenen Frau sieht die Bilder an, die er aufgenommen hat, während er mit seiner Frau im Café saß. „Vielleicht erkennt man ja irgendwas“, erklärt er.

Die vier Mädchen fragen, ob sie auch mal sehen dürfen, schließlich sind sie große Krimifans und kennen sich gut mit Verbrecherjagd aus.

„Bevor ihr kamt, waren zwei Männer und eine Frau in unserer Nähe, die als Diebe in Frage kommen würden“, erklärt ihnen der Herr mit dem Fotoapparat.

„Das ist ja die Nervensäge!“, ruft Bine und deutet aufgeregt auf den Mann, der als Zweites auf den Bildern erscheint.

„Er hat zwar den Hut und die Brille nicht auf, aber man sieht sie in seiner Hand. Der war es bestimmt.“

Melli nickt zustimmend: „Klar, dem traue ich das sofort zu. Wie er da schon steht“, sie zeigt auf das Foto, „und so wichtig auf seine Uhr guckt, damit er es bloß zu allen Veranstaltungen schafft.“

„Seit wann sitzen Sie hier?“, will Lena von dem Mann der Bestohlenen wissen.

„Es war etwa zehn vor zwölf, als wir uns hier hingesetzt haben. Wir wollten eigentlich zur Löwenfütterung, aber dann überkam uns die Lust auf ein Stück Kuchen.“

„Genau“, fügt die bestohlene Frau aufgeregt hinzu, „und als die Löwenfütterung anfing, habe ich noch auf meine Uhr gesehen und sie dann wieder in die Handtasche gesteckt. Da war sie noch da.“

„Dann kann es nicht die Nervensäge gewesen sein.“ Bine ist ziemlich enttäuscht. „Denn er muss hier gewesen sein, bevor die Löwenfütterung anfing. Danach haben wir und viele andere ihn ja gesehen.“

„Ein perfektes Alibi“, stimmt Emma zu.

„Ein fast perfektes Alibi“, verbessert Lena und grinst. „Ist euch nicht aufgefallen, dass der Mann auf dem Foto eine Uhr hat, aber keinen Aufnäher am Ärmel der Jeansjacke?“

„Stimmt“, nickt Melli nach einem weiteren Blick auf das Foto, „aber ich verstehe trotzdem nicht, was das mit seinem Alibi zu tun hat.“

Verstehst du mehr?

Fall 7:

Das Geld ist weg

„Was ist denn mit deinen Haaren los?“ Till betrachtet seinen Freund Sandro enttäuscht. Sandro streicht über seine glatten Haare, die alle ordentlich auf ihrem Platz sind.

„Nichts!“ Er grinst triumphierend.

„Aber du hast doch gerade deinen Pulli ausgezogen und normalerweise stehen deine Haare dann in alle Richtungen ab.“

„Tja.“ Sandro zuckt die Schultern. „Das ist Physik. Wenn ich den Pulli ausziehe, laden sich mei-

ne Haare elektrisch auf. Deshalb stehen sie ab, und du hast dann was zu lachen. Aber jetzt sind meine Haare nass. Da laden sie sich nicht so einfach auf. Deshalb passiert nichts."

„Schade. Es sieht immer so lustig aus. Wieso sind deine Haare denn überhaupt nass?"

„Mir war so warm, da habe ich meinen Kopf vorhin unter den Schlauch gehalten, als ich das Hasengehege sauber gespritzt habe."

„Das war Wasserverschwendung, guck dir mal die Wolken dahinten an." Till zeigt auf dicke schwarze Wolken, die sich am Himmel über ihnen zusammenbrauen.

„Oh weh. Du hast Recht, die Dusche hätte ich mir sparen können."

„Lass uns für heute Schluss machen." Till stellt die Mistgabel an ihren Platz im Stall.

Sandro und Till helfen in den Ferien im Zoo, der von Sandros Onkel, Herrn Tierlieb, geleitet wird. Meistens dürfen sie nur zu den ungefährlichen Tieren ins Gehege. Aber als vor kurzem einem der beiden Tiger ein Zahn gezogen werden musste, haben sie bei der Operation zugeguckt. Der Tierarzt hat ihnen sogar erlaubt, den betäubten Tiger anzufassen. Und auch bei der Geburt des Kamelbabys Benni sind sie dabei gewesen.

Das Kamelbaby ist die Attraktion des Zoos. Sandros Onkel hatte die Idee gehabt, die Geburt von einem Kamerateam aufnehmen zu lassen. Später lief der Bericht darüber auf allen Nachrichtensendern und seitdem strömen die Besucher in den Zoo.

„Es ist gut, dass wir endlich mal wieder viel Geld einnehmen“, hatte Herr Tierlieb neulich gesagt, „so können wir bald das Affenhaus renovieren lassen.“

„Hallo Jungs!“ Sandros Onkel kommt aus dem Kassenhaus. „Zeit, Feierabend zu machen. Setzt euch doch schon mal in den Gemeinschaftsraum. Ich gebe eine Runde Limo und Kuchen aus. Wir haben nämlich heute einen neuen

Rekord aufgestellt, was unsere Einnahmen angeht. Ich komme dann gleich nach.“ Er lässt die Tür hinter sich angelehnt und hält die Hand vor sich.

„Ah, es fängt an zu regnen, macht schnell, dass ihr nicht nass werdet.“

Die beiden nicken. Der Gemeinschaftsraum ist für alle Mitarbeiter des Zoos. Er ist gleich gegenüber des Kassenhäuschens.

„Ich gucke mal schnell um die Ecke, ob meine Tante Franka da ist.“

Sandros Tante kommt manchmal zu Besuch. Dann sitzt sie auf der Rückseite des Häuschens unter dem kleinen Dach und liest.

Sandro guckt um die Ecke und springt dann erschrocken zurück.

„Mann, habe ich mich erschreckt. Guck dir das mal an." Er winkt seinen Freund zu sich. Vorsichtig späht Till um die Ecke und zuckt dann plötzlich zurück.

„Das sieht aus, als würde da jemand stehen." Till zeigt auf eine Regenjacke, die an einer Wäscheleine direkt neben der Hauswand hängt.

Darunter stehen Gummistiefel. Beides zusammen sieht aus wie ein Mensch.

„Tante Franka ist nicht da. Lass uns schnell in den Gemeinschaftsraum gehen, der Regen wird immer schlimmer."

Dicke Tropfen fallen vom Himmel. Zum Glück schützt sie ein kleiner Dachvorsprung, der um das ganze Haus herum geht, vor dem Regen. Die Freunde sind die ersten im Raum. Kaum sind sie durch die Tür getreten, fängt es draußen an zu schütten wie aus Kübeln.

„Die Gummistiefel!", ruft Till plötzlich. „Die stehen mitten im Regen. Wir müssen sie reinholen."

„Ach lass, es ist ohnehin schon zu spät", winkt Sandro ab.

Es dauert nicht lange, da kommen die Tierpfleger Peter, Nils und Ferdinand nacheinander in den trockenen Raum gestürzt.

„Verdammte Regenjacken", schimpft Peter, „haben einen tollen Aufdruck, aber keine Kapuze. Wer erfindet denn so was?"

„Wir bräuchten wirklich mal Jacken mit Kapuzen“, meint Ferdinand, während er seine Stiefel auszieht.

„Statt neue Regenjacken zu bekommen, sollten wir lieber mehr Geld verdienen. Dann kann sich jeder kaufen, was er will. Ich könnte mehr Geld gut brauchen“, erklärt Nils, schüttelt seine nassen Haare, schlüpft aus seinen Gummistiefeln und stellt sie neben Peters Stiefel an der Tür.

„Ferdi braucht vor allem neue Strümpfe. Die haben ein riesiges Loch an der Ferse.“ Peter zeigt lachend auf Ferdinands Füße.

„Wo?“, fragt Ferdinand und hebt seinen Fuß, um zu gucken. Als er ihn wieder aufsetzt, rutscht er aus. Er muss wild mit den Armen rudern, um nicht hinzufallen.

„Du könntest es auch als Clown im Zirkus versuchen“, kichert Till.

„Sehr witzig“, brummt Ferdinand, „mit den nassen Socken ist es auf dem Fliesenboden ja lebensgefährlich.“

„Gleich gibt es Kuchen.“ Sandro teilt schon mal Teller für alle aus. „Mein Onkel kommt sofort.“ Er guckt aus dem Fenster Richtung Kassenraum, um zu sehen, ob sein Onkel von dort kommt.

„Dein Onkel könnte doch eigentlich auch Ferdinand zur Schau stellen“, flüstert Till und schubst Sandro, während er unauffällig mit dem Kopf in Ferdinands Richtung deutet.

„Eindeutig elektrische Haare. Er hat ja auch den gleichen Pulli wie ich ihn …“

Sandro kommt nicht dazu, seinen Satz zu beenden, denn plötzlich fliegt mit einem riesigen

Krach die Tür auf. Bleich steht Herr Tierlieb im Raum.

„Die Kasse!", ruft er. „Das ganze Geld! Alles weg!"

„Aber wie kann das denn passiert sein?", will Ferdinand wissen.

„Ich habe das Geld gezählt, nachdem ich hinter dem letzten Besucher abgeschlossen habe, und dann habe ich es neben die Kasse in die Schublade gelegt. Ich wollte es später abholen, weil ich erst noch mit euch Kuchen essen wollte."

„Haben Sie die Tür vom Kassenraum denn nicht abgeschlossen?“, fragt Nils.

„Ich glaube nicht.“ Herr Tierlieb schüttelt traurig den Kopf.

„Und wenn doch noch ein Besucher da war? Herr Tierlieb, warum hören Sie nicht auf mich, ich sage es immer: Sie müssen die Tür jedes Mal abschließen.“ Ferdinand schüttelt aufgeregt den Kopf.

„Außer uns war doch niemand mehr hier“, rechtfertigt sich Herr Tierlieb.

„Wenn wirklich niemand außer uns da war, was heißt das denn?“, fragt Peter und guckt erschrocken in die Runde.

„Das heißt“, antwortet Till, „dass es einer von uns war.“

„Das kann doch nicht sein.“ Nils schüttelt den Kopf.

„Nein, das kann ich nicht glauben“, pflichtet Herr Tierlieb verzweifelt bei.

Alle schauen sich an.

„Es muss jemand gewesen sein, der hier in der Nähe war“, überlegt Till laut. „Schließlich war der Kassenraum nur kurz unbewacht. Und zwar in dem Moment, in dem wir nach deiner Tante gesehen haben. Als wir ums Haus gelaufen sind, konnten wir die Tür zur Kasse nicht sehen. Von hier aus hatten wir aber wieder alles im Blick. Wir hätten es bemerkt, wenn jemand reingegangen wäre.“

Sandro nickt.

„Wo wart ihr?“ Er blickt in die Runde.

„Ich war am anderen Ende des Zoos, bei den Elefanten“, erklärt Nils.

„Ich war im Affenhaus“, sagt Ferdinand, „und das ist ebenfalls weit weg.“

„Ich war bei den Ponys“ , antwortet Peter.

„Vom Ponystall ist es nicht so weit. Das schafft man.“ Nils blickt Peter misstrauisch an.

„Du spinnst, es ist genauso weit wie vom Affenhaus. Ich war es nicht. Vielleicht hast du ja auch gelogen. Immerhin hast du eben noch gesagt,

dass du Geld brauchst“, faucht Peter seinen Kollegen an.

„Aber das ist doch alles Unsinn“, fährt Herr Tierlieb dazwischen.

„Das stimmt“, sagt Till, „denn es ist glasklar, wer es war.“

„Genau. Zum Glück hat es geregnet. Und ich hoffe“, fügt Sandro hinzu, „dass es sich bei der ganzen Geschichte um einen schlechten Scherz handelt.“

Na, hast du auch den Durchblick?

Lösung Fall 1:
Was Jonas über die Fledermäuse, ihren Radar und Hundepfeifen erzählt, hat Laura auf die richtige Spur gebracht: Die neue Hundeschule trainiert ihre Hunde abends von sechs bis sieben im Stadtpark, der genau neben dem kleinen Zoo liegt. Dabei werden natürlich auch Hundepfeifen eingesetzt. Die können Menschen zwar nicht hören, aber Hunde schon. Wölfe auch, schließlich sind die mit den Hunden verwandt. Die Wölfe jaulen nicht, weil etwas Gruseliges passieren wird, sondern weil sie die Hundepfeifen vom Park hören, und dieses Geräusch regt sie auf. Der Zoodirektor muss also nur dafür sorgen, dass die neue Hundeschule anderswo trainiert.

Lösung Fall 2:
Für gute Detektive wie Leo und Addi ist die Lösung des Falls nicht besonders schwer. Wie vor allem Leo aus eigener Erfahrung weiß, kann es passieren, dass man etwas umwirft, wenn man mit der Hand nach Dingen tastet, die so hoch liegen, dass man sie nicht sehen kann. So ist es auch Paule passiert. Er ist sehr klein, wie Frank in dem Streit der beiden boshaft anmerkt. Deshalb hat er die Kaffeetasse nicht gesehen, die Frank auf das Fensterbrett gestellt und dort vergessen hatte. Er hat nach dem Schlüssel gesucht und dabei die Tasse umgestoßen. Außerdem kratzt sich Paule am Hals, was auf

eine Allergie deutet. Die ist wohl ausgebrochen, als er die Meerschweinchen, gegen die er allergisch ist, freigelassen hat. Paule ist sauer auf seine Kollegen, die ihn schlecht behandeln und wollte sich so rächen. Dabei hat er extra darauf geachtet, nur ungefährliche Tiere frei zu lassen, da er niemanden ernsthaft schädigen wollte.

Lösung Fall 3:

Caro findet, dass der Direktor für die Benimmnachhilfe zuständig ist, weil sein Sohn Fabian und sein Neffe Sven die Übeltäter sind. Zugegeben: Erst hatte Caro Oli in Verdacht – weil er so oft im Zoo ist – und wegen des Zettels. Aber die Nummern und der Buchstabe darauf deuteten in eine andere Richtung: Mona. Die hat Oli ihre Telefonnummer gegeben. Deswegen sind die beiden auch rot geworden. Als Caro Fabian und Sven mit den riesigen Strohhalmen gesehen hat, ist es ihr wie Schuppen von den Augen gefallen: Die Strohhalme sind Spuckrohre! Auch dass Sven und Fabian ständig irgend etwas gemampft haben, ergibt plötzlich einen Sinn. Sie haben Papier zerkaut – als Munition, die sie aus dem sicheren Versteck der Bäume unbemerkt abfeuern konnten. Im Prinzip haben der Direktor, die Tier-Nanny und Caro die beiden sogar gesehen – als sich die Blätter eines einzigen Baumes bewegten. Wäre das der Wind gewesen, hätten alle Bäume rascheln müssen.

Lösung Fall 4:

Rob hat die Babyschlangen geklaut, weil er sich von ihrem Verkauf viel Geld erhofft. Die Besucher wurden zwar durchsucht, aber niemand dachte daran, in die Teekanne von Rob und Maren zu gucken. In der war nämlich von Anfang an kein Tee. Maren wusste das nicht, aber Rob hat Jan deswegen davon abgehalten, aus der Kanne zu trinken. Auf dem Weg ins Terrarium schmuggelte Rob darin Kakerlaken mit, um sein Ablenkungsmanöver zu starten. Nur waren das keine der großen, wie sie im Zoo leben, sondern ganz gewöhnliche. Deswegen stehen sich nach dem Einfangen plötzlich zwei Arten im Terrarium gegenüber. Während die Pfleger mit den scheinbar flüchtigen Insekten beschäftigt waren, zog sich Rob seine dunklen Handschuhe an und entführte die Babyschlangen. Weil er somit ganz in Schwarz gekleidet war, fielen seine Bewegungen im Dunkeln auch nicht auf. Deswegen schienen die Schlangen zu fliegen. Den gleichen Trick wendet auch so mancher Zauberer auf einer dunklen Bühne an. Aber spätestens als Jan das Schraubgeräusch auf der Kameraaufnahme hörte, wusste er Bescheid!

Lösung Fall 5:

Stefan studiert vielleicht Biologie, aber er kennt sich offensichtlich nicht besonders gut aus. Im Gegensatz zu Nanni. Die hat nämlich schnell erkannt, dass der Student von Tieren nicht viel Ahnung hat. Immerhin dachte er, der Tierkopf wäre von einem Vogel. Nanni weiß aber, dass das nicht sein kann, denn Vögel haben Schnäbel und keine Zähne. Dem Kopf fehlt der Unterkiefer und damit die Hälfte seines Gebisses! Genauso ist es mit den Haizähnen – Stefan macht einen Witz darüber, dass dem Hai jetzt die Zähne fehlen. Dabei wachsen einem Hai die Zähne ja immer nach. Außerdem kam Stefan keine Sekunde auf die Idee, dass der lange, zerbrochene Knochen vielleicht gar nicht alt und porös ist. Sondern schlicht und einfach ein Vogelknochen mit Luftkammern im Inneren.

Lösung Fall 6:

Wenn du den Berichten der Mädchen genau gefolgt bist, weißt du, dass der Aufnäher sowohl am rechten als auch am linken Arm der Nervensäge gesehen wurde. Die Nervensäge hat sich aber nicht etwa einen zweiten Aufnäher auf die Jacke gemacht, sondern es gibt zwei Jacken. Diese Jacken unterscheiden sich durch den Aufnäher rechts beziehungsweise links. Und zu den Jacken gehören auch zwei Männer – Zwillinge genau genommen. Einer hat eine Uhr, der andere nicht. Deshalb muss der eine nach der Uhrzeit fragen. Nur zu zweit konnten sie es zu allen Veranstaltungen schaffen. Die Zwillinge verhalten sich mit Absicht so auffällig. Möglichst viele Menschen sollen ihnen ein Alibi geben können. So kann einer von beiden unauffällig die Zoobesucher bestehlen.

Lösung Fall 7:

Für die Lösung dieses Falls braucht man schon einigen kriminalistischen Spürsinn. Der Zeitraum, in dem das Geld gestohlen werden konnte, war sehr kurz. Die drei Verdächtigen behaupten alle, weit weg gewesen zu sein. Aber einer lügt. Und das ist Ferdinand. In der Zeit, als das Geld gestohlen wurde, hat es noch nicht stark geregnet. Im Gegensatz zu den beiden anderen Tierpflegern musste der Dieb nicht durch den Regen laufen. Er hat das Geld genommen und sich gleich unter dem Dachvorsprung untergestellt. Um nicht aufzufallen, hat Ferdinand sich dann aber doch schnell die Regenjacke von der Leine genommen und die dazugehörigen Gummistiefel angezogen. Allerdings waren die Stiefel bereits innen nass. Seine nassen Socken verraten es. Außerdem hat Ferdinand trockene Haare, obwohl die Regenjacken keine Kapuze haben. Nur trockene Haare laden sich elektrisch auf und stehen ab, wenn man eine bestimmte Sorte Pulli über den Kopf zieht. Ferdinand hätte sich besser kurz in den Regen gestellt. Aber das wäre ihm zu weit gegangen, schließlich wollte er Herrn Tierlieb nur die Lehre erteilen, nicht immer die Tür zur Kasse offen zu lassen.

Die Autorinnen

Ulrike Rogler studierte Germanistik in Frankfurt a.M. und Berlin. Die Autorin arbeitet als Redakteurin für diverse Magazine sowie Kinder- und Jugendzeitschriften. Gemeinsam mit Simone Veenstra hat sie zahlreiche Bücher für Kinder und Jugendliche veröffentlicht. Ulrike Rogler lebt und arbeitet als freie Autorin und Journalistin in Berlin. Weitere Informationen unter www.scriptease-berlin.de

Simone Veenstra studierte Film- und Literaturwissenschaft in Erlangen, Groningen, Berlin und New York. Nach dem Abschluss ihres Studiums arbeitete sie als Regisseurin und Redakteurin, bevor sie sich voll und ganz dem Schreiben widmete. Sie wurde für den Agatha-Christie-Preis nominiert. Weitere Informationen unter www.scriptease-berlin.de

Der Illustrator

Jakob Möhring, geboren 1970 in Berlin, erfindet Geschichten und Figuren, malt und zeichnet Bilder aller Art, illustriert Bücher und bemalt Wände in Kinderkrankenhäusern.